Museum auf Bairisch

Museum auf Bairisch

66 × Kunst auf Bairisch von abbusseln bis Zupfgeigenhansl

bairisch · deutsch · english · italiano · 汉语

ausgewählt von
Georg Kohlen und Joachim Rönneper

Alte Pinakothek · Bayerische Staatsgemäldesammlungen
Münchner Stadtmuseum · Neue Pinakothek
Pinakothek der Moderne · Schloss Nymphenburg
Staatliche Graphische Sammlung München
Städtische Galerie im Lenbachhaus

emons:

abbusseln

abküssen · smother with kisses · sbaciucchiare · 窒息的吻

Ferdinand Leeke (1859–1923)
Wotans Abschied (Ausschnitt), um 1895
München, Privatbesitz

aufschbuin

musizieren · play music · fare della musica · 合奏

Eduard von Grützner (1846–1925)
Siesta im Kloster (Ausschnitt), um 1880
Städtische Galerie im Lenbachhaus

aufschwanzen

sich herausputzen · spruce up · agghindarsi · 打扮

Lovis Corinth (1858–1925)
Im Korsett (Ausschnitt), 1910
München, Kunstsalon Franke-Schenk

Bazi

Schlawiner · rascal · furbacchione · 机灵鬼

Jan Steen (1625/26–1679)
Der preisgekrönte Rederijker (Ausschnitt), um 1660
Alte Pinakothek

Biagarddn

Biergarten · beer garden · birreria all'aperto · 啤酒园

Max Liebermann (1847–1935)
Münchner Biergarten (Ausschnitt), 1883/84
Neue Pinakothek

Bobbo

Hintern · bottom · sedere · 屁股

Théodore Chassériau (1819–1856)
Badende (Ausschnitt), 1842
Neue Pinakothek

Bua

Junge · boy · ragazzo · 少年

Egon Schiele (1890–1918)
Sitzender Knabe (Ausschnitt), 1911
Pinakothek der Moderne

Bussl

Kuss · kiss · bacio · 吻

Peter Behrens (1868–1940)
Der Kuss (Ausschnitt), 1898
Staatliche Graphische Sammlung München

Butzerl

Säugling · infant · lattante · 乳儿

Rembrandt van Rijn (1606–1669)
Die Heilige Familie (Ausschnitt), 1633/34
Alte Pinakothek

Dahoam

Daheim · at home · focolare domestico · 在家

Georg Friedrich Kersting (1785–1847)
Junge Frau, beim Schein einer Lampe nähend (Ausschnitt), 1828
Neue Pinakothek

Dampfplauderer

Angeber · braggart · fanfarone · 牛皮大王

Adriaen Brouwer (1605/06–1638)
Eine Trinkstube (Ausschnitt), um 1635/38
Alte Pinakothek

Deandl

Mädchen · girl · ragazza · 姑娘

August Macke (1887–1914)
Bauernmädchen mit Strohhut (Ausschnitt), 1910
Städtische Galerie im Lenbachhaus/Münter-Eichner-Stiftung

Dekoiddee

Dekolleté · cleavage · scollatura · 低领

Peter Paul Rubens (1577–1640)
Helene Fourment, einen Handschuh anziehend (Ausschnitt), um 1630/31
Alte Pinakothek

Depp

Dummkopf · dimwit · babbeo · 傻瓜

David Teniers (1610–1690)
Singende Zecher (Ausschnitt), um 1633
Alte Pinakothek

Diridari

Geld · money · denaro · 钱

Bartolomé Estéban Murillo (1618–1682)
Die kleine Obsthändlerin (Ausschnitt), um 1670/75
Alte Pinakothek

Dirndlgwand

Trachtenkleid · traditional costume · costume tradizionale ·
传统服饰

Wassily Kandinsky (1866–1944)
Murnau – Gabriele Münter beim Malen (Ausschnitt), 1908
Städtische Galerie im Lenbachhaus/Münter-Eichner-Stiftung

Dockernandl

Puppe · doll · bambola · 玩偶

Max Liebermann (1847–1935)
Münchner Biergarten (Ausschnitt), 1883/84
Neue Pinakothek

Eigackerl

Ei · egg · uovo · 蛋

Pieter Brueghel d. Ä. (1525/30–1569)
Das Schlaraffenland (Ausschnitt), 1566
Alte Pinakothek

Fasching

Karneval · carnival · carnevale · 狂欢节

Ernst Ludwig Kirchner (1880–1938)
Maskentänzer (Ausschnitt), 1911
Pinakothek der Moderne

fesch

hübsch · pretty · grazioso · 漂亮

Peter Paul Rubens (1577–1640)
Helene Fourment, einen Handschuh anziehend (Ausschnitt), um 1630/31
Alte Pinakothek

gamsig

lüstern · lustful · cupido · 欲望

Lovis Corinth (1858–1925)
Versuchung des heiligen Antonius (Ausschnitt), 1897
Neue Pinakothek

gloa

klein · small · piccolo · 矮小

Stephan Lochner (um 1410–1451)
Weltgerichtsaltar, rechter Flügel (Ausschnitt), um 1440/45
Alte Pinakothek

Glubbal

Finger · fingers · dita · 手指

Friedrich Wilhelm von Schadow (1788–1862)
Bildnis einer jungen Römerin (Ausschnitt), 1818
Neue Pinakothek

Glubscher

Augen · eyes · occhi · 眼睛

Marianne von Werefkin (1860–1938)
Selbstbildnis I (Ausschnitt), um 1908
Städtische Galerie im Lenbachhaus

Goschn

Mund · mouth · bocca · 嘴

Marianne von Werefkin (1860–1938)
Selbstbildnis I (Ausschnitt), um 1908
Städtische Galerie im Lenbachhaus

Gschbusi

Liebschaft · affair · relazione amorosa · 钟情

Hendrick Goltzius (1558–1617)
Venus und Adonis (Ausschnitt), 1614
Alte Pinakothek

Gwurl

Menschenauflauf · crowd · assembramento · 公众暴乱

Lorenzo Quaglio d. J. (1787–1837)
Viktualienmarkt am Heiliggeistspital in München (Ausschnitt), 1824
Münchner Stadtmuseum

Haferl

Tasse · cup · tazza · 茶杯

Max Slevogt (1868–1932)
Feierabend (Ausschnitt), 1900/01
Neue Pinakothek

Hallodri

Frauenheld · womaniser · donnaiolo · 少男杀手

Gerrit van Honthorst (1592–1656)
Fröhliche Gesellschaft (Ausschnitt), 1622
Alte Pinakothek

Haxn

Beine · legs · gambe · 腿

Philipp Foltz (1805–1877)
Der Schützenkönig (Ausschnitt), undatiert
Münchner Stadtmuseum

Heagodswinkel

Herrgottswinkel · God's corner of worship ·
angolo del crocifisso · 神圣的角落

Lorenzo Quaglio d. J. (1793–1869)
Das Tischgebet (Ausschnitt), um 1823
Staatliche Graphische Sammlung München

Hendl

Brathähnchen · roast chicken · pollo arrosto · 油炸童子鸡

Franz Weiss (1903–1982)
Die Todsünden. Detail: Die Unmäßigkeit (Ausschnitt), undatiert
Oberfinanzdirektion München

Höi

Hölle · hell · inferno · 地狱

Peter Paul Rubens (1577–1640)
Der Höllensturz der Verdammten (Ausschnitt), um 1621
Alte Pinakothek

Irxen

Schulter · shoulder · spalla · 肩

Théodore Chassériau (1819–1856)
Badende (Ausschnitt), 1842
Neue Pinakothek

Kini

König · king · re · 国王

Joseph Karl Stieler (1781–1858)
König Ludwig I. von Bayern im Krönungsornat (Ausschnitt), 1826
Schloss Nymphenburg

Kofel

Berg · mountain · monte · 山

Carl Gustav Carus (1789–1869)
Mondschein im Gebirge (Ausschnitt), vor 1817
Neue Pinakothek

Koinerin

Kellnerin · waitress · cameriera · 酒吧女郎

Toni Aron (1859–1920)
Die schöne Coletta. Bierkellnerin im bürgerlichen Bräuhaus (Ausschnitt), um 1885
Münchner Stadtmuseum

Krachlederne

Lederhose · leather pants · pantaloni di pelle · 皮裤

Wilhelm Leibl (1844–1900)
In der Bauernstube (Ausschnitt), 1890
Neue Pinakothek

Kropfbandl

Halsband · neckband · collana · 项圈

Max Slevogt (1868–1932)
Feierabend (Ausschnitt), 1900/01
Neue Pinakothek

Kuttenbrunzer

Mönch · monk · frate · 僧侣

Egon Schiele (1890–1918)
Agonie (Ausschnitt), 1912
Neue Pinakothek

Leiberl

Weste · waistcoat · panciotto · 马甲

Wilhelm Leibl (1844–1900)
In der Bauernstube (Ausschnitt), 1890
Neue Pinakothek

Maß

Liter Bier · litre of beer · litro di birra · 一升啤酒

Toni Aron (1859–1920)
Die schöne Coletta. Bierkellnerin im bürgerlichen Bräuhaus (Ausschnitt), um 1885
Münchner Stadtmuseum

Minga

München · Munich · Monaco di Baviera · 慕尼黑

Philipp Dombeck (tätig 1. Hälfte 19. Jh.)
Blick auf München von Südwesten (Ausschnitt), undatiert
München, Privatbesitz

nackert

nackt · naked · nudo · 裸体

Lucas Cranach d. Ä. (1472–1553)
Das goldene Zeitalter (Ausschnitt), um 1530
Alte Pinakothek

nafetzen

schlummern · slumber · sonnecchiare · 微睡

Nicolas Poussin (1594–1665)
Midas und Bacchus (Ausschnitt), um 1624
Alte Pinakothek

Parablui

Regenschirm · umbrella · ombrello · 雨伞

Carl Spitzweg (1808–1885)
Der arme Poet (Ausschnitt), 1839
Neue Pinakothek

Raufferts

Rauferei · scuffle · baruffa · 斗殴

Adriaen Brouwer (1605/06–1638)
Schlägerei zwischen zwei Bauern (Ausschnitt), um 1635/38
Alte Pinakothek

Ross

Pferd · horse · cavallo · 马

Franz Marc (1880–1916)
Rotes und blaues Pferd (Ausschnitt), 1912
Städtische Galerie im Lenbachhaus

Rotzbremsen

Schnurrbart · moustache · baffi · 大胡子

Lovis Corinth (1858–1925)
Selbstbildnis mit Skelett (Ausschnitt), 1896
Städtische Galerie im Lenbachhaus

ruassln

schlafen · sleep · dormire · 睡觉

Paul Gauguin (1848–1903)
Die Geburt Christi (Te tamari no atua) (Ausschnitt), 1896
Neue Pinakothek

P. Gauguin 96
TE TAMARI NO ATUA

Saufaus

Trinker · drunkard · beone · 酒鬼

Eduard von Grützner (1846–1925)
Der schlesische Zecher und der Teufel (Ausschnitt), 1884
Neue Pinakothek

schbeanzln

flirten · flirt · flirtare · 调情

Wilhelm Leibl (1844–1900)
Schäferszene, nach Rubens (Ausschnitt), 1870
Neue Pinakothek

Schlin

Schlitten · sled · slitta · 雪橇

Franz von Stuck (1863–1928)
Rodelnde Kinder (Ausschnitt), um 1922
Oberfinanzdirektion München

Schniedel

Penis · penis · pene · 阴茎

Nicolas Poussin (1594–1665)
Midas und Bacchus (Ausschnitt), um 1624
Alte Pinakothek

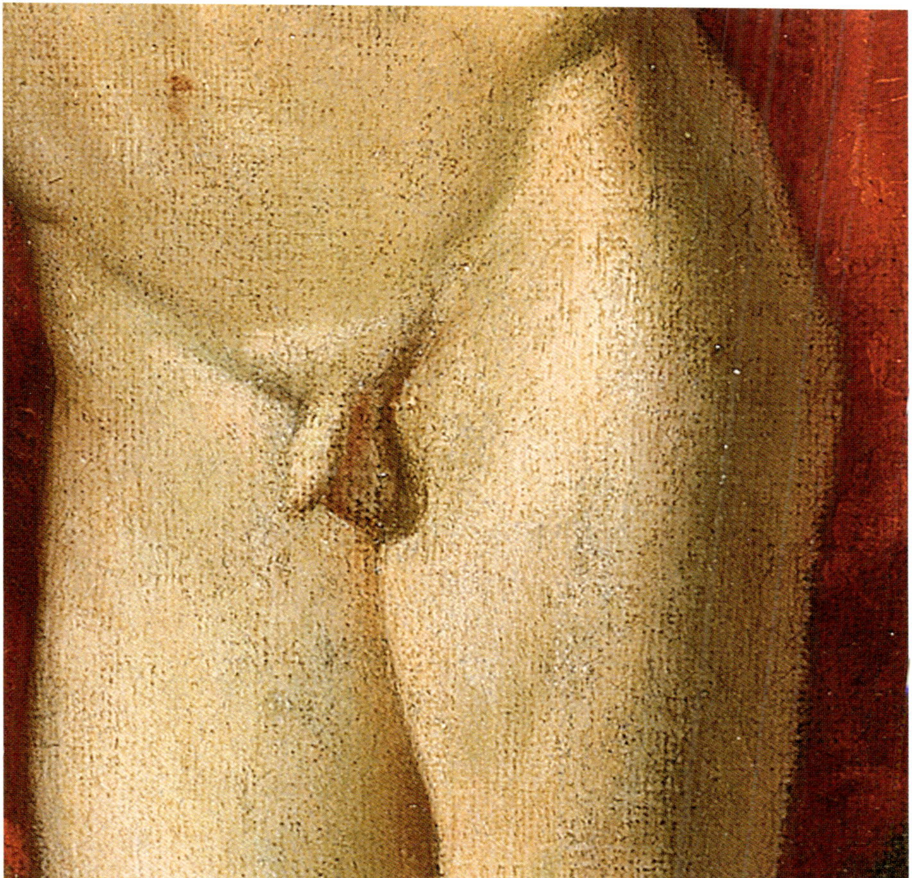

Schnirlwascher

Angler · fisherman · pescatore · 垂钓者

August Macke (1887–1914)
Angler am Rhein (Ausschnitt), 1905
Städtische Galerie im Lenbachhaus

schwanzeln

wedeln · wagging · scodinzolare · 摇摆

Jean Honoré Fragonard (1732–1806)
La Gimblette (Mädchen mit Hund) (Ausschnitt), um 1770
Alte Pinakothek

Semmel

Brötchen · roll · panino · 小面包

Pieter Claesz (1596/97–1660)
Stillleben mit Zinnkanne (Ausschnitt), um 1635/39
Alte Pinakothek

Spielnockerl

Busen · bosom · seno · 胸脯

Peter Paul Rubens (1577–1640)
Raub der Töchter des Leukippos (Ausschnitt), um 1618
Alte Pinakothek

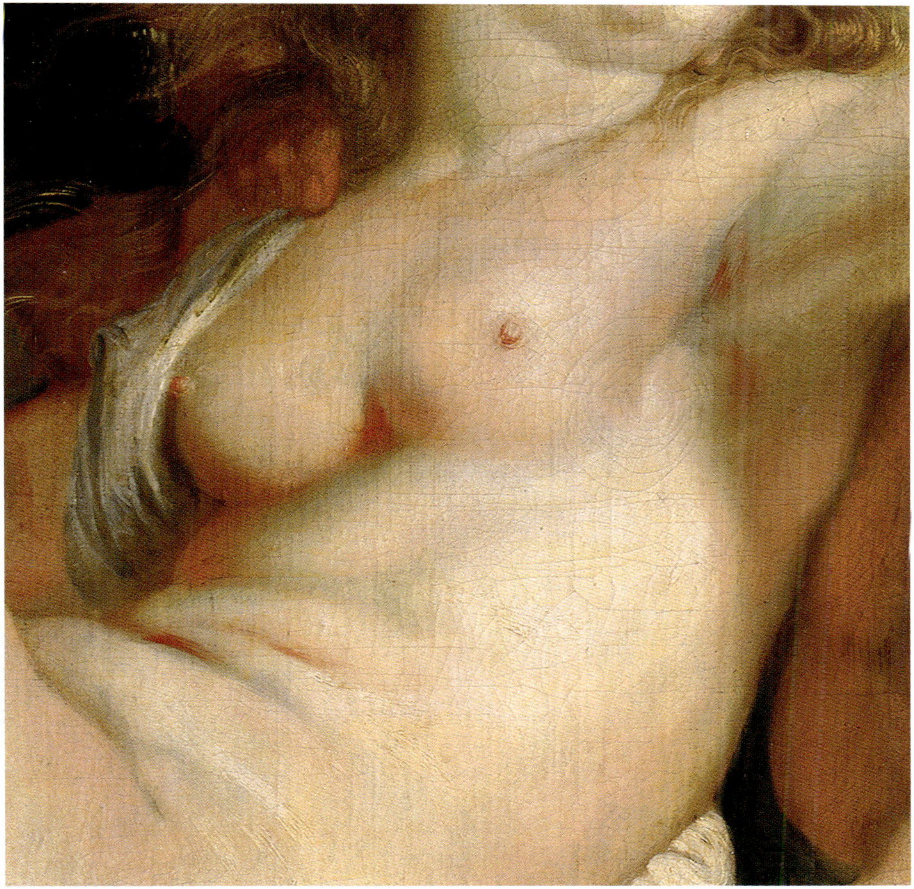

Tschamsterer

Verehrer · admirer · corteggiatore · 仰慕者

Ferdinand Georg Waldmüller (1793–1865)
Die Erwartete (Ausschnitt), 1850 oder 1860
Neue Pinakothek

Vieraugerter

Brillenträger · spectacle wearer · uomo con gli occhiali · 戴眼镜的人

Hans von Marées (1837–1887)
Doppelbildnis Marées/Lenbach (Ausschnitt), 1863
Neue Pinakothek

Wampn

Wampe · potbelly · pancione · 大肚子

Arnold Böcklin (1827–1901)
Im Spiel der Wellen (Ausschnitt), 1883
Neue Pinakothek

Wiesn

Oktoberfest · Oktoberfest · oktoberfest · 慕尼黑啤酒节

Robert Schleich (1845–1934)
Oktoberfest auf der Theresienwiese in München (Ausschnitt), 1886
Bayerische Staatsgemäldesammlungen

Windda

Winter · winter · inverno · 冬季

Esaias van de Velde (1633–1707)
Eisbelustigung auf dem Stadtgraben (Ausschnitt), 1618
Alte Pinakothek

Wuzifackerl

Ferkel · piglet · porcellino · 仔猪

Pieter Brueghel d. Ä. (1525/30–1569)
Das Schlaraffenland (Ausschnitt), 1566
Alte Pinakothek

zeidln

melken · milking · mungere · 挤奶

Peter Paul Rubens (1577–1640)
Polderlandschaft mit einer Kuhherde (Ausschnitt), um 1618/20
Alte Pinakothek

Zupfgeigenhansl

Geigenspieler · fiddler · violinista · 拉小提琴的人

Adriaen Brouwer (1605/06–1638)
Dorfmusikanten (Das Gehör) (Ausschnitt), um 1635
Alte Pinakothek

Bildnachweis

S. 34 Wassily Kandinsky, Murnau – Gabriele Münter beim Malen © akg-images/VG Bild-Kunst, Bonn 2013;
S. 4/8 ©akg-images;
S. 10/14/16/22/24/30/32/40/48/52–64/68/70–80/84–92/96/102–110/114–120/124/126/132/134 © Blauel/Gnamm/Artothek;
S. 28/38/42/48/88/94/130 © Bayer&Mitko/Artothek;
S. 6/8/12/18/20/26/36/44/50/66/72/98/100/112/122/128 © Artothek;
S. 82 © Wilfried Bahnmüller/Artothek

abbusseln, Ferdinand Leeke (1859–1923), Wotans Abschied, um 1895, 148 × 108 cm, Leinwand, München, Privatbesitz

aufschbuin, Eduard von Grützner (1846–1925), Siesta im Kloster (Klosterkonzert), um 1880, 43,7 × 64 cm, Holz, Städtische Galerie im Lenbachhaus

aufschwanzen, Lovis Corinth (1858–1925), Im Korsett, 1910, 75 × 48 cm, Leinwand, München, Kunstsalon Franke-Schenk

Bazi, Jan Steen (1625/26–1679), Der Dreisgekrönte Rederijker, um 1660, 69,5 × 65,5 cm, Leinwand, Alte Pinakothek

Biagarddn, Max Liebermann (1847–1935), Münchner Biergarten, 1883/84, 95 × 69 cm, Leinwand, Neue Pinakothek

Bobbo, Théodore Chassériau (1819–1856), Badende, 1842, 99,8 × 77 cm, Leinwand, Neue Pinakothek

Bua, Egon Schiele (1890–1918), Sitzender Knabe, 1911, 48,1 × 31,6 cm, Aquarell, Pinakothek der Moderne

Bussl, Peter Behrens (1868–1940), Der Kuss, 1898, 27,2 × 21,6 cm, Holzschnitt, Staatliche Graphische Sammlung München

Butzerl, Rembrandt van Rijn (1606–1669), Die Heilige Familie, 1633/34, 183,5 × 123 cm, Leinwand, Alte Pinakothek

Dahoam, Georg Friedrich Kersting (1785–1847), Junge Frau, beim Schein einer Lampe nähend, 1828, 40,3 × 34,2 cm, Leinwand, Neue Pinakothek

Dampfplauderer, Adriaen Brouwer (1605/06–1638), Eine Trinkstube, um 1635/38, 35,5×27,2 cm, Eichenholz, Alte Pinakothek

Deandl, August Macke (1887–1914), Bauernmädchen mit Strohhut, 1910, 43,5×31 cm, o. A., Städtische Galerie im Lenbachhaus/Münter-Eichner-Stiftung

Dekoiddee, Peter Paul Rubens (1577–1640), Helene Fourment, einen Handschuh anziehend, um 1630/31, 96,6×69,3 cm, Eichenholz, Alte Pinakothek

Depp, David Teniers (1610–1690), Singende Zecher, um 1633, 21,1×17,3 cm, Kupfer, Alte Pinakothek

Diridari, Bartolomé Estéban Murillo (1618–1682), Die kleine Obsthändlerin, um 1670/75, 149 × 113 cm, Leinwand, Alte Pinakothek

Dirndlgwand, Wassily Kandinsky (1866–1944), Murnau – Gabriele Münter beim Malen, 1908, 33 × 39,9 cm, Öl auf Pappe, Städtische Galerie im Lenbachhaus/Münter-Eichner-Stiftung, 1-M695-E1908

Dockernandl, Max Liebermann (1847–1935), Münchner Biergarten, 1883/84, 95 × 69 cm, Leinwand, Neue Pinakothek

Eigackerl, Pieter Brueghel d. Ä. (1525/30–1569), Das Schlaraffenland, 1566, 52 × 78 cm, Eichenholz, Alte Pinakothek

Fasching, Ernst Ludwig Kirchner (1880–1938), Maskentänzer, 1911, 112 × 114,5 cm, Leinwand, Pinakothek der Moderne

fesch, Peter Paul Rubens (1577–1640), Helene Fourment, einen Handschuh anziehend, um 1630/31, 96,6 × 69,3 cm, Eichenholz, Alte Pinakothek

gamsig, Lovis Corinth (1858–1925), Versuchung des heiligen Antonius, 1897, 88 × 107 cm, Leinwand, Neue Pinakothek

gloa, Stephan Lochner (um 1410–1451), Weltgerichtsaltar, rechter Flügel, um 1440/45, 120 × 80,4 cm, Nußbaumholz, Alte Pinakothek

Glubbal, Friedrich Wilhelm von Schadow (1788–1862), Bildnis einer jungen Römerin, 1818, 94,3 × 73,1 cm, Leinwand, Neue Pinakothek

Glubscher, Marianne von Werefkin (1860–1938), Selbstbildnis I, um 1908, 51 × 34 cm, Tempera/Papier/Pappe, Städtische Galerie im Lenbachhaus

Goschn, Marianne von Werefkin (1860–1938), Selbstbildnis I, um 1908, 51 × 34 cm, Tempera/Papier/Pappe, Städtische Galerie im Lenbachhaus

Gschbusi, Hendrick Goltzius (1558–1617), Venus und Adonis, 1614, 141 × 191 cm, Leinwand, Alte Pinakothek

Gwurl, Lorenzo Quaglio d. J. (1787–1837), Viktualienmarkt am Heiliggeistspital in München, 1824, 70 × 90 cm, Leinwand, Münchner Stadtmuseum

Haferl, Max Slevogt (1868–1932), Feierabend, 1900/01, 126 × 155 cm, Leinwand, Neue Pinakothek

Hallodri, Gerrit van Honthorst (1592–1656), Fröhliche Gesellschaft, 1622, 130 × 195,6 cm, Leinwand, Alte Pinakothek

Haxn, Philipp Foltz (1805–1877), Der Schützenkönig, undatiert, 36,5 × 29,0 cm, Leinwand, Münchner Stadtmuseum

Heagodswinkel, Lorenzo Quaglio d. J. (1793–1869), Das Tischgebet, um 1823, 19,3 × 26,9 cm, Aquarell, Staatliche Graphische Sammlung München

Hendl, Franz Weiss (1903–1982), Die Todsünden. Detail: Die Unmäßigkeit, undatiert, 161 × 205 cm, o. A., Oberfinanzdirektion München

Höi, Peter Paul Rubens (1577–1640), Der Höllensturz der Verdammten, um 1621, 288 × 225 cm, Eichenholz, Alte Pinakothek

Irxen, Théodore Chassériau (1819–1856), Badende, 1842, 99,8 × 77 cm, Leinwand, Neue Pinakothek

Kini, Joseph Karl Stieler (1781–1858), König Ludwig I. von Bayern im Krönungsornat, 1826, 244 × 171 cm, Leinwand, Schloss Nymphenburg

Kofel, Carl Gustav Carus (1789–1869), Mondschein im Gebirge, vor 1817, 84,4 × 68 cm, Leinwand, Neue Pinakothek

Koinerin, Toni Aron (1859–1920), Die schöne Coletta. Bierkellnerin im bürgerlichen Bräuhaus, um 1885, 202 × 99 cm, Leinwand, Münchner Stadtmuseum

Krachlederne, Wilhelm Leibl (1844–1900), In der Bauernstube, 1890, 37 × 38,7 cm, Holz, Neue Pinakothek

Kropfbandl, Max Slevogt (1868–1932), Feierabend, 1900/01, 126 × 155 cm, Leinwand, Neue Pinakothek

Kuttenbrunzer, Egon Schiele (1890–1918), Agonie, 1912, 70 × 80 cm, Leinwand, Neue Pinakothek

Leiberl, Wilhelm Leibl (1844–1900), In der Bauernstube, 1890, 37 × 38,7 cm, Holz, Neue Pinakothek

Maß, Toni Aron (1859–1920), Die schöne Coletta. Bierkellnerin im bürgerlichen Bräuhaus, um 1885, 202 × 99 cm, Leinwand, Münchner Stadtmuseum

Minga, Philipp Dombeck (tätig 1. Hälfte 19. Jh.), Blick auf München von Südwesten, undatiert, 71,1 × 78,7 cm, Leinwand, München, Privatbesitz

nackert, Lucas Cranach d. Ä. (1472–1553), Das goldene Zeitalter, um 1530, 73,5 × 105,5 cm, Holz, Alte Pinakothek

nafetzen, Nicolas Poussin (1594–1665), Midas und Bacchus, um 1624, 135 × 198 cm, Leinwand, Alte Pinakothek

Parablui, Carl Spitzweg (1808–1885), Der arme Poet, 1839, 36,2 × 44,6 cm, Leinwand, Neue Pinakothek

Raufferts, Adriaen Brouwer (1605/06–1638), Schlägerei zwischen zwei Bauern, um 1635/38, 30 × 25 cm, Eichenholz, Alte Pinakothek

Ross, Franz Marc (1880–1916), Rotes und blaues Pferd, 1912, 26,3 × 34,3 cm, Tempera auf Leinwand, Städtische Galerie im Lenbachhaus

Rotzbremsen, Lovis Corinth (1858–1925), Selbstbildnis mit Skelett, 1896, 66 × 86 cm, Leinwand, Städtische Galerie im Lenbachhaus

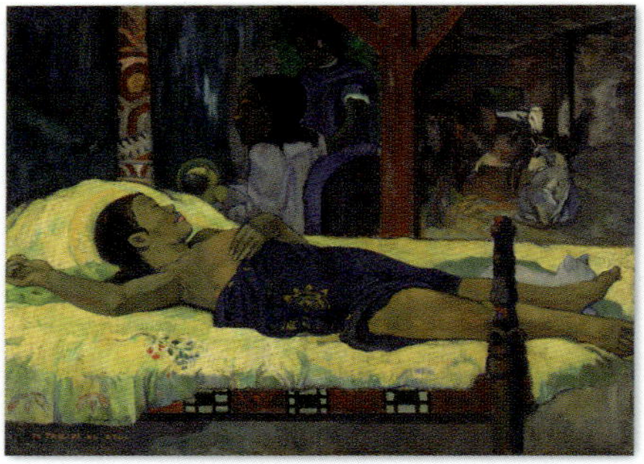

ruassln, Paul Gauguin (1848–1903), Die Geburt Christi (Te tamari no atua), 1896, 96 × 129 cm, Leinwand, Neue Pinakothek

Saufaus, Eduard von Grützner (1846–1925), Der schlesische Zecher und der Teufel, 1884, 50 × 39,8 cm, Mahagoni, Neue Pinakothek

schbeanzln, Wilhelm Leibl (1844–1900). Schäferszene, nach Rubens, 1870, 82,5 × 68,5 cm, Leinwand, Neue Pinakothek

Schlin, Franz von Stuck (1863–1928), Rodelnde Kinder, um 1922, 71 × 34 cm, Holz, Oberfinanzdirektion München

Schniedel, Nicolas Poussin (1594–1665), Midas und Bacchus, um 1624, 135 × 198 cm, Leinwand, Alte Pinakothek

Schnirlwascher, August Macke (1887–1914), Angler am Rhein, 1905, 40,3 × 44,5 cm, Öl auf Pappe, Städtische Galerie im Lenbachhaus

schwanzeln, Jean Honoré Fragonard (1732–1806), La Gimblette (Mädchen mit Hund), um 1770, 89 × 70 cm, Leinwand, Alte Pinakothek

Semmel, Pieter Claesz (1596/97–1660), Stillleben mit Zinnkanne, um 1635/39, 56 × 86,5 cm, Eichenholz, Alte Pinakothek

Spielnockerl, Peter Paul Rubens (1577–1640), Raub der Töchter des Leukippos, um 1618, 224 × 210,5 cm, Leinwand, Alte Pinakothek

Tschamsterer, Ferdinand Georg Waldmüller (1793–1865), Die Erwartete, 1850 oder 1860, 81,1 × 63,2 cm, Öl auf Nadelholz, Neue Pinakothek

Vieraugerter, Hans von Marées (1837–1887), Doppelbildnis Marées/Lenbach, 1863, 54,3 × 62 cm, Leinwand, Neue Pinakothek

Wampn, Arnold Böcklin (1827–1901), Im Spiel der Wellen, 1883, 180,3 × 237,5 cm, Leinwand, Neue Pinakothek

Wiesn, Robert Schleich (1845–1934), Oktoberfest auf der Theresienwiese in München, 1886, 19 × 36 cm, Holz, Bayerische Staatsgemäldesammlungen

Windda, Esaias van de Velde (1633–1707), Eisbelustigung auf dem Stadtgraben, 1618, 29,8 × 50,4 cm, Eichenholz, Alte Pinakothek

Wuzifackerl, Pieter Brueghel d. Ä. (1525/30–1569), Das Schlaraffenland, 1566, 52 × 78 cm, Eichenholz, Alte Pinakothek

zeidln, Peter Paul Rubens (1577–1640), Polderlandschaft mit einer Kuhherde, um 1618/20, 81 × 106 cm, Eichenholz, Alte Pinakothek

Zupfgeigenhansl, Adriaen Brouwer (1605/06–1638), Dorfmusikanten (Das Gehör), um 1635, 24,3 × 20 cm, Eichenholz, Alte Pinakothek

Es ist das Detail, das unterhält und lebendig macht.

Georges Braque (1882–1963)
Der Tag und die Nacht. Aus den Aufzeichnungen 1917–1952

Jede Provinz liebt ihren Dialekt: denn er ist doch eigentlich das Element, in welchem die Seele ihren Atem schöpft.

Johann Wolfgang von Goethe (1749–1832)
Aus meinem Leben. Dichtung und Wahrheit II, 6

Danksagung

Für die Mitwirkung bei der Recherche der kunsthistorisch relevanten Daten und Fakten danken wir, die Autoren, Frau Monika Pfeil herzlich.

Quellennachweis

Die Schreibweise der bairischen Begriffe wurde u.a. entnommen dem Langenscheidt Liliput Bairisch. Herausgegeben von der Redaktion von Langenscheidt. Langenscheidt KG, Berlin, München 2011

Vitae

Georg Kohlen, geboren 1955, ist seit 1975 künstlerisch tätig, lebt und arbeitet in Köln und Heinsberg.

Joachim Rönneper, geboren 1958 in Düsseldorf, studierte Germanistik und katholische Theologie in Münster, ist Autor, Ausstellungsmacher und Herausgeber zahlreicher Anthologien im Kontext von Kunst und Literatur. Er lebt und arbeitet in Köln. **www.joachim-roenneper.de**

Impressum

Gestaltung: Tobias Doetsch, Berlin
Produktion: GrafikMediaProduktionsmanagement, Köln
Druck und Weiterverarbeitung: Drukarnia Skleniarz, Poland
Übersetzung englisch, italienisch, chinesisch: kosmos GbR, Kerpen
Printed in Poland 2013
ISBN 978-3-95451-225-6